Émile LAUREY

COMPTABILITÉ COMMERCIALE

Tenue des livres en partie double

ALBIN MICHEL

Éditeur

22, rue Huyghens, PARIS

COMPTABILITÉ COMMERCIALE

AIME LAURET

COMPTABILITÉ
COMMERCIALE

PETIT MODÈLE EXPLIQUÉ

DE

TENUE DES LIVRES

EN PARTIE DOUBLE

PARIS

ALBIN MICHEL, ÉDITEUR

22, RUE HUYGHENS, 22

COMPTABILITÉ COMMERCIALE

D'après les lois françaises, tout commerçant doit avoir une comptabilité tenue à jour et en règle.

Les livres exigés par les lois, sont :

1° Le Livre Journal;

2° Le Copie de lettres;

3° Le Relevé d'inventaires;

4° Le Livre des ventes.

Chaque commerçant est libre de tenir sa comptabilité à sa façon et d'après le système qui lui est le plus commode et surtout le plus compréhensible.

TENUE DES LIVRES

EN PARTIE DOUBLE

Pour une tenue de livres en partie double, il est nécessaire d'avoir : 1° Un brouillard, sur lequel on inscrit toutes les opérations que l'on fait journellement (achats, ventes, paiements, etc...) ; 2° Un Livre Journal, sur lequel on relève toutes les opérations portées au brouillard ; 3° Un Grand Livre sur lequel il est relevé compte par compte toutes les opérations portées au Livre Journal.

Les livres auxiliaires que l'on emploie ordinairement en plus de ceux qui viennent d'être indiqués sont :

Le Livre de caisse (Paiements et Encaissements).

Le Livre d'entrées et sorties des Marchandises.

Le Livre de ventes exigé par une loi récente pour le paiement des impôts sur le chiffre d'affaires.

BROUILLARD

Le " Brouillard " est un livre sur lequel le commerçant inscrit jour par jour le résumé de toutes les opérations faites par lui.

Afin de faire mieux comprendre au débutant ce dont il s'agit, nous donnons ci-dessous un modèle de " Brouillard " d'après lequel sera rédigé (voir plus loin) le Livre Journal.

Tenue des Livres

BROUILLARD

DE M. X..., NÉGOCIANT.

Du 2 Janvier		
Je verse ce jour dans ma caisse la somme de 10.000 fr., montant de mon capital	10.000	»
Du 3 Janvier		
Acheté ce jour 1 bureau, 1 bascule, 6 chaises, 200 sacs et divers articles pour les besoins de mon commerce, payé le tout au comptant, au prix de..............	1.200	»
d°		
Payé 3 mois de loyer d'avance pour le magasin.........................	300	»
A reporter....	11.500	»

Suite du BROUILLARD

Report....	11.500 »
———————— **Du 3 Janvier** ————————	
Versé ce jour à la Banque Régionale, en ouverture de compte-courant........	2.000 »
———————— **Du 6 Janvier** ————————	
Acheté au comptant, à divers, 4.500 kilos de pommes de terre à 18 fr. les 100 kil.	810 »
———————— **Du 10 Janvier** ————————	
Acheté au comptant, à divers, 3.500 kilos de pommes de terre à 18 fr. les 100 kgs	630 »
———————— **Du 15 Janvier** ————————	
Vente au comptant à M. Pierre, négociant, 6.000 kilos pommes de terre à 26 fr. les 100 kilos.	1.560 »
———————— d° ————————	
Achat au comptant, à divers, 7.000 kilos pommes de terre à 18 fr. les 100 kilos	1.260 »
———————— **Du 17 Janvier** ————————	
Vendu à M. Émile, négociant, 5.000 kilos pommes de terre à 26 fr. les 100 kilos, payables par ma traite au 31 mars.....	1.300 »
———————— **Du 25 Janvier** ————————	
Vendu à M. Jean, négociant, 3.000 kilos pommes de terre à 26 fr. les 100 kilos, payables par ma traite au 31 mars....	780 »
———————— **Du 25 Janvier** ————————	
Acheté à divers, 3.000 kilos pommes de terre à 18 fr. les 100 kilos..............	540 »
———————— **Du 15 Février** ————————	
Acheté à divers, 6.000 kilos pommes de terre à 19 fr. les 100 kilos..............	1.140 »
A reporter....	21.520 »

Suite du BROUILLARD

Report....	21.520	»

——————— **Du 18 Février** ———————

Vendu au comptant à M. Jean, négociant, 9.000 kilos pommes de terre à 28 fr. les 100 kilos... **2.520** »

——————— **Du 6 Mars** ———————

Acheté 10.000 kilos pommes de terre à M. Louis, payables par ma traite au 25 mars courant, au prix de 20 fr. les 100 kilos............................... **2.000** »

——————— **Du 15 Mars** ———————

Acheté au comptant 2.500 kilos pommes de terre à 20 francs les 100 kilos...... **500** »

——————— **Du 17 Mars** ———————

Vendu à M. Jean, 11.000 kilos pommes de terre à 28 fr. les 100 kilos, payables par ma traite au 31 mars courant.... **3.080** »

——————— **Du 25 Mars** ———————

Payé ce jour la traite de M. Louis...... **2.000** »

——————— d° ———————

Remis ce jour à l'escompte à la Banque Régionale 3 traites au 31 courant, à porter au crédit de mon compte courant :

Sur M. Emile.......	1.300	»
Sur M. Jean........	780	»
Sur M. Jean........	3.080	»

} **5.160** »

——————— **Du 25 Mars** ———————

Mis au fumier environ 200 kilos de marchandises avariées que j'évalue à 50 fr. le tout.................................... **50** »

——————— d° ———————

Payé la note de camionnage pour 3 mois **150** »

A reporter.... | **36.980** »

Suite du BROUILLARD

Report....	36.980	»
——— **Du 26 Mars** ———		
Frais d'escompte réclamés par la Banque Régionale et passés à mon débit chez elle.	50	»
——— d° ———		
Payé à mon employé 25 journées à 20 fr.	500	»
	37.530	»

LIVRE JOURNAL

Les principes fondamentaux de la comptabilité en partie double, peuvent se résumer dans la formule ci-après :

Qui reçoit, *doit*, ou est débité.

Qui donne, *a*, ou est crédité.

En vertu de ce principe, aucun compte ne doit jouer s'il n'a sa contre-partie; c'est-à-dire que si un compte reçoit et est débité, le compte qui a donné doit être crédité.

Nous basant sur ce qui vient d'être dit, nous allons rédiger le Livre Journal à l'aide du " Brouillard ".

Le Livre Journal, rappelons-le, doit être paraphé par le Maire de la commune ou par le président du Tribunal.

LIVRE JOURNAL
DE M. X..., NÉGOCIANT.

Folio N° 1

		Du 2 Janvier		
2-1	CAISSE		10.000 »	
		à CAPITAL		10.000 »
	Versé ce jour dans ma caisse.			
		3 Janvier		
3-2	MATÉRIEL		1.200 »	
		à CAISSE		1.200 »
	Achat 1 bureau et articles divers.			
		d°		
4-2	FRAIS GÉNÉRAUX		300 »	
		à CAISSE		300 »
	Payé 3 mois de loyer.			
		d°		
7-2	BANQUE RÉGIONALE		2.000 »	
		à CAISSE		2.000 »
	Versé ce jour en ouverture de compte.			
		6 Janvier		
5-2	MARCHANDISES GÉNÉRALES		810 »	
		à CAISSE		810 »
	Achat 4.500 k. marchandises à 18 fr. les 100 k.			
		A reporter....		14.310 »

Explication des articles ci-dessus

Pour passer les articles ci-dessus, j'opère de la manière suivante :

Le 2 janvier je vois au "Brouillard" (*Je*

verse ce jour dans ma caisse la somme de 10. 000 francs) :

Partant des principes énoncés plus haut, je me dis ceci : *qui a reçu?* C'est la *caisse*, donc elle *doit* ou est débitée.

Qui a donné? C'est le *capital*, donc il *a* ou est crédité.

Et je passe l'article ci-après :

CAISSE à CAPITAL........Francs   10.000

Le 3 janvier, j'achète un bureau et divers articles.

Qui a reçu? C'est un compte que je vais dénommer " Matériel ".

Qui a donné? c'est la *caisse;* je passe donc :

MATÉRIEL à CAISSE...... Francs   1.200

Le même jour, je paie 3 mois de loyer pour le magasin. Comme ce paiement est fait comptant, je n'ai pas besoin de faire figurer sur mes livres le nom de la personne qui a reçu; mais afin de me rendre compte de tous les frais que j'ai pour mon commerce, j'ouvre un compte " Frais généraux ". Dans ce cas là c'est le dit compte qui *reçoit*, et la caisse qui *donne*, je passe donc :

FRAIS GÉNÉRAUX à CAISSE......Fr. 300

Le même jour, je verse à la Banque Régionale en ouverture de compte la somme de 2.000 francs.

Qui reçoit? c'est la *Banque Régionale.*

Qui donne? c'est la *Caisse.*

Je passe :

BANQUE RÉGIONALE à CAISSE..Fr. 2.000

Le 6 janvier, j'achète au comptant 4.500 kil. de pommes de terre. J'ouvre un compte que je vais dénommer "Marchandises Générales".

Qui reçoit? c'est le compte Marchandises Générales.

Qui donne? c'est la *caisse* puisque j'ai payé comptant. Je passe donc :

MARCHANDISES GÉNÉRALES à

CAISSE. . . . . .Fr.   800 »

LIVRE JOURNAL

Follo N° 2

	Report....		14.310 »
	—— **Du 10 Janvier** ——		
5-2	MARCHANDISES GÉNÉRALES	630 »	
	à CAISSE		630 »
	Achat au comptant 3.500 kilos pommes de terre à 18 fr. les 100 kilos.		
	—— **15 Janvier** ——		
2-5	CAISSE	1.560 »	
	à MARCHANDISES GÉNÉRALES		1.560 »
	Vendu au comptant à M. Pierre 6.000 kilos pommes de terre à 26 fr. les 100 kilos.		
	—— **d°** ——		
5-2	MARCHANDISES GÉNÉRALES	1.260 »	
	à CAISSE		1.260 »
	Achat au comptant 7.000 kilos pommes de terre à 18 fr. les 100 kilos.		
	—— **17 Janvier** ——		
8-5	M. EMILE	1.300 »	
	à MARCHANDISES GÉNÉRALES		1.300 »
	Vendu 5.000 kilos pommes de terre à 26 fr. les 100 kilos, payables par ma traite au 31 mars.		
	—— **25 Janvier** ——		
9-5	M. JEAN	780 »	
	à MARCHANDISES GÉNÉRALES		780 »
	Vendu 3.000 kilos pommes de terre à 26 fr. les 100 kilos, payables par ma traite au 31 mars.		
	A reporter....		19.840 »

Explication des articles ci-dessus

Le 10 janvier. — J'achète au comptant 630 francs de marchandises.

Qui reçoit? Les Marchandises.

Qui donne? La Caisse.

Je passe donc :

  Marchandises générales à
   Caisse. . . . . .Fr. 630 »

Le 15 janvier. — Je vends au comptant à M. Pierre 1.560 francs de marchandises. Il est inutile que je fasse figurer le nom de M. Pierre, puisque l'opération est faite au comptant. Je dis donc :

Qui a reçu? C'est la Caisse.

Qui a donné? C'est le compte Marchandises Générales.

Je passe :

  Caisse à Marchandises géné-
   rales. . . . . .Fr. 1.560 »

Le même jour. — J'achète au comptant 1.260 fr. de marchandises.

Je passe comme pour les articles précédents :

  Marchandises générales à
   Caisse. . . . . .Fr. 1.260 »

Le 17 janvier. — Je vends à M. Emile 1.300 fr. de marchandises payables par ma traite au 31 mars. Dans ce cas-là l'opération n'étant pas faite au comptant :

Qui reçoit? C'est M. Emile.

Qui a donné? C'est le compte Marchandises générales.

J'ouvre mon compte à M. Emile et je passe:

M. EMILE à MARCHANDISES GÉ-
NÉRALES. . . . . .Fr.   1.300 »

Pour l'article suivant j'opère de la même façon et je dis :

M. JEAN à MARCHANDISES GÉNÉ-
RALES. . . . . .Fr.   780 »

LIVRE JOURNAL

Folio N° 3

Report....		19.840 »

——— **25 Janvier** ———

5-2	MARCHANDISES GÉNÉRALES	540 »	
	à CAISSE		540 »

Achats à divers : 3.000 kil. pommes de terre à 18 fr. les 100 kilos.

——— **15 Février** ———

5-2	MARCHANDISES GÉNÉRALES	1.140 »	
	à CAISSE		1.140 »

Achat à divers : 6.000 kil. pommes de terre à 19 fr. les 100 kilos.

——— d° ———

2-5	CAISSE	2.520 »	
	à MARCHANDISES GÉNÉRALES		2.520 »

Vendu à M. Pierre (au comptant) 9.000 kilos de pommes de terre à 28 fr. les 100 kilos.

——— **6 Mars** ———

5-10	MARCHANDISES GÉNÉRALES	2.000 »	
	à M. LOUIS		2.000 »

Achat de 10.000 kilos pommes de terre à 20 fr. les 100 kilos. Payables par sa traite au 25 courant.

——— **15 Mars** ———

5-2	MARCHANDISES GÉNÉRALES	500 »	
	à CAISSE		500 »

Achat au comptant 2.500 kilos pommes de terre à 20 francs les 100 kilos.

A reporter....		26.540 »

LIVRE JOURNAL

Folio N° 3 (*suite*)

Report....		26.540	»
——— **17 Mars** ———			
9-5 M. Jean	3.080 »		
à Marchandises générales		3.080	»
Vente de 11.000 kil. pommes de terre à 28 fr. les 100 kilos. Payables par ma traite au 31 courant.			
À reporter....		29.620	»

Explication des articles du folio 3

Pour les articles des 25 janvier et 15 février, les Marchandises ayant reçu et la Caisse ayant donné, je passe :

Marchandises générales à Caisse.................Fr.   540   »

Marchandises générales à Caisse.................Fr.   1.140   »

Le 18 février. — C'est la Caisse qui reçoit et les Marchandises qui donnent, je passe :

Caisse à Marchandises générales................Fr.   2.520   »

Le 6 mars. — J'achète à M. Louis 2.000 fr. de marchandises payables le 25 mars. (La Caisse ne payant pas pour le moment, elle n'a pas à intervenir.) Je passe donc :

> MARCHANDISES GÉNÉRALES à M. LOUIS. . . . . .Fr.   2.000   »

Le 15 mars. — Les Marchandises reçoivent et la Caisse donne.

Je passe :

> MARCHANDISES   GÉNÉRALES   à CAISSE. . . . . .Fr.   500   »

Le 17 mars. — Je vends à M. Jean 3.080 fr. de marchandises qu'il ne me payera que le 31 mars. Dans ce cas-là, qui a reçu ? C'est M. Jean. — Qui a donné ? C'est les Marchandises.

Je passe :

> M. JEAN à MARCHANDISES GÉNÉ- RALES. . . . . .Fr.   3.080   »

Suite du LIVRE JOURNAL

Folio N° 4

Report....		29.620	»
——— 25 Mars ———			
10-2 M. Louis	2.000 »	2.000	»
à Caisse			
Payé ce jour sa traite.			
d°			
7- Banque régionale			
aux suivants :			
8 à M. Emile (ma traite au 31 courant).	1.300 »		
9 à M. Jean (ma traite au 31 courant).	780 »	5.160	»
9 à M. Jean (ma traite au 31 courant).	3.080 »		
d°			
6-5 Profits et Pertes	50 »	50	»
à Marchandises générales			
Mis au fumier marchandises avariées.			
d°			
4-2 Frais généraux	150 »	150	»
à Caisse			
Payé pour frais de camionnage.			
A reporter....		36.980	»

Explication des articles du folio 4

Le 25 mars. — Je paye à M. Louis sa traite échue ce jour. M. Louis ayant reçu et la Caisse ayant donné, je passe :

M. Louis à Caisse.........Fr. 2.000 »

Le même jour. — Je remets à la Banque 3 traites à l'échéance du 31 courant. La Banque porte cette somme à mon compte comme si je lui avais versé du numéraire.

Dans ce cas, qui reçoit? C'est la Banque, et les tirés des traites, *qui donnent*. Afin de simplifier cet article, je passe :

BANQUE RÉGIONALE aux suivants :

A M. EMILE...................Fr.   1.300 »

A M. JEAN 780 +3.080 = Fr...   5.160 »

Le 25 mars. — Je mets au fumier 50 fr. de marchandises avariées. J'ouvre un compte "Profits et Pertes" et je passe au débit dudit compte le montant de ma perte.

Je dis donc :

"PROFITS ET PERTES" à MARCHAN-
    DISES GÉNÉRALES. .... 50 »

Le 25 mars. — Je paye une facture. Ceci étant considéré comme Frais généraux, je passe :

FRAIS GÉNÉRAUX à CAISSE...Fr. 150 »

Suite du LIVRE JOURNAL

Folio N° 5

			Report....	36.980	»

——— **25 Mars** ———

6-7	PROFITS ET PERTES	50	»		
	à BANQUE RÉGIONALE			50	»

Frais d'escompte.

——— d° ———

4-2	FRAIS GÉNÉRAUX	500	»		
	à CAISSE			500	»

Payé à mon employé.

PREMIER TOTAL....	37.530	»

ARTICLES PASSÉS APRÈS INVENTAIRE

——— **31 Mars** ———

5-6	MARCHANDISES GÉNÉRALES	2.910	»		
	à PROFITS ET PERTES			2.910	»

Virement de compte.

——— d° ———

6-4	PROFITS ET PERTES	950	»		
	à FRAIS GÉNÉRAUX			950	»

Virement de compte.

DEUXIÈME TOTAL....	41.390	»

Explication des articles du folio 5

Le 25 mars. — La Banque m'avise qu'elle débite mon compte de 50 francs pour frais d'escompte, je fais donc intervenir le compte Profits et Pertes, et je dis :

PROFITS ET PERTES à BANQUE RÉGIONALE. . . . . .Fr. 50 »

Le même jour, je paye à mon employé 500 fr. Dans ce cas-là je fais jouer le compte "Frais généraux" par le crédit de la Caisse, et je passe :

FRAIS GÉNÉRAUX à CAISSE...Fr. 500 »

Articles passés après inventaire

Pour l'explication de ces deux derniers articles, voir plus loin sous le titre "Bilan".

GRAND LIVRE

Le Grand Livre est un registre, numéroté folio par folio, sur lequel sont relevées comptes par comptes, toutes les opérations inscrites au Livre Journal.

Un compte ouvert au Grand Livre comprend, le *Débit* et le *Crédit* ou le *Doit* et l'*Avoir*.

Lorsqu'un compte est plus fort au débit qu'au crédit, il est *débiteur*, donc il doit. Lorsqu'il est plus fort au crédit qu'au débit, il est *créditeur*, donc il a.

Prenons au hasard un compte, celui de la "Banque Régionale". Le montant du débit chez moi étant de 7.160 fr. et celui du crédit de 50 fr., il reste débiteur chez moi de 7.110 fr. (Si je me reporte inversement aux écritures de la dite Banque, mon compte chez elle doit se trouver créditeur de 7.110 francs.)

Report des articles du Livre Journal au Grand Livre

Le report des articles du Livre Journal au Grand Livre se fait de la manière suivante :

Prenons les exemples suivants :

CAISSE à CAPITAL.........Fr. 10.000 »

Je vais au folio 2 du Grand Livre où j'ai ouvert le compte *Caisse*, et je porte au débit 10.000 fr.

Dans la 1re colonne du Livre Journal, je porte en regard de l'article les chiffres ¾, ce qui signifie que le 1er compte se trouve au folio 2 et le 2e compte au folio 1 du Grand Livre.

Dans la colonne du Grand Livre, je porte le chiffre 1, ce qui signifie que l'article se trouve au folio 1 du Livre Journal.

AUTRE EXEMPLE

Le 15 février

MARCHANDISES GÉNÉRALES à
CAISSE..................Fr. 1.140 »

Je vais au folio 5 du Grand Livre où se

trouve le compte *Marchandises générales* et je porte au débit................Fr.   1.140 »

Je vais ensuite au folio 2 où se trouve le compte *Caisse* et je porte au crédit 1.140 fr.

AUTRE EXEMPLE

Le 25 mars

MARCHANDISES GÉNÉRALES aux *suivants*.

A M. ÉMILE..................Fr.   1.300 »

A M. JEAN, 780+3,080= Fr.....   5.160 »

Je vais au folio 5 Marchandises générales et je porte au débit 5.160 fr. Je vais ensuite au folio 8, compte de M. Emile, et je porte au crédit 1.300 fr. Au folio 9, compte de M. Jean, je porte au crédit 780+3.080 fr.

J'opère ainsi pour tous les autres articles portés au Livre Journal.

Compte CAPITAL — Folio I

DÉBIT			CRÉDIT				
Solde créditeur....	10.000 »		Janv.	2	Versé d' ma caisse.	1	10.000 »
	10.000 »						10.000 »
					Solde à nouveau...		10.000 »

Compte CAISSE — Folio 2

DÉBIT					CRÉDIT			
Janv.	2	Reçu ce jour......	1	10.000 »	Janv.	3	Achats divers...... 1	1.200 »
Janv.	15	Vendu à M. Pierre.	2	1.560 »	»	3	Payé loyer........ 1	300 »
Févr.	18	Id.	3	2.520 »	»	3	Versé à la Banque. 1	2.000 »
					»	6	Achats marchandis. 1	810 »
					»	10	Id. 2	630 »
					»	15	Id. 2	1.260 »
					»	25	Id. 3	540 »
					Févr.	15	Id. 3	1.140 »
					Mars	15	**Id.** 3	500 »
					»	25	Payé traite Louis.. 4	2.000 »
					»	25	Payé facture...... 4	150 »
					»	25	Payé employé..... 5	500 »
							Solde débiteur.....	3.050 »
				14.080 »				14.080 »
		Solde à nouveau..		3.050 »				

DÉBIT   **Compte MATERIEL — Folio 3**   CRÉDIT

Janv.	3	Achats divers......	1	1.200 »			Solde débiteur.....		1.200 »
				1.200 »					1.200 »
		Solde à nouveau...		1.200 »					

DÉBIT   **Compte FRAIS GENERAUX — Folio 4**   CRÉDIT

Janv.	3	3 mois de loyer...	1	300 »	Mars	31	Virement de compte	5	950 »
Mars	25	Facture	4	150 »					
»	25	Employé	5	500 »					
				950 »					950 »

DÉBIT — Compte MARCHANDISES GENERALES — Folio 5 — CRÉDIT

Janv.	6	Achats.	1	810	»	Janv.	15	Ventes.	2	1.560	»
»	10	Id.	2	630	»	»	17	Id.	2	1.300	»
»	15	Id.	2	1.260	»	»	25	Id.	2	780	»
»	25	Id.	3	540	»	Févr.	18	Id.	3	2.520	»
Févr.	15	Id.	3	1.140	»	Mars	17	Id.	3	3.080	»
Mars	6	Id.	3	2.000	»	»	25	Pertes.	4	50	»
»	15	Id.	3	500	»			Solde débiteur.....		500	»
»	31	Virement de compte	5	2.910	»						
				9.790	»					9.790	»
		Solde à nouveau...		500	»						

DÉBIT — Compte PROFITS ET PERTES — Folio 6 — CRÉDIT

Mars	25	Pertes.	4	50	»	Mars	31	Virement de compte	5	2.910	»
»	25	Frais Banque.	5	50	»						
»	31	Virement de compte	5	950	»						
		Solde créditeur....		1.860	»						
				2.910	»					2.910	»
								Solde à nouveau...		1.860	»

DÉBIT — Compte BANQUE REGIONALE — Folio 7 — CRÉDIT

Janv.	3	Versé ce jour......	1	2.000	»	Mars	25	Frais réclamés......	5	50	»
Mars	25	Remis 3 traites....	4	5.160	»			Solde débiteur.....		7.110	»
				7.160	»					7.160	»
		Solde à nouveau...		7.110	»						

DÉBIT — Compte de M. EMILE — Folio 8 — CRÉDIT

Janv.	17	Ma vente...........	2	1.800	»	Mars	25	Ma traite...........	4	1.300	»
				1.300	»					1.300	»

DÉBIT — Compte de M. JEAN — Folio 9 — CRÉDIT

Janv.	25	Ma vente..........	2	780	»	Mars	25	Ma traite..........	4	780	»
Mars	17	Id.	3	3.080	»	»	25	Id.	4	3.080	»
				3.860	»					3.860	»

DÉBIT — Compte de M. LOUIS — Folio 10 — CRÉDIT

Mars	5	Ma vente..........	3	2.000	»	Mars	25	Payé sa traite......	4	2.000	»
				2.000	»					2.000	»

Balance des Comptes du Grand Livre

Comme le montre la balance ci-après, par suite du jeu de la comptabilité en partie double, tout compte ayant sa contre-partie, le montant des soldes débiteurs doit forcément être le même que celui des soldes créditeurs.

Si, par exemple, en reportant du Livre Journal au Grand Livre l'article du folio 1 "Caisse à Capital", j'avais débité le compte "Caisse", et que, par oubli, je n'aie pas crédité le compte "Capital", l'erreur apparaîtrait à la confection de la "balance", car les deux colonnes, débit et crédit, ne concorderaient pas.

La présente "Balance" a été établie avant le report des deux articles "passés après inventaire",

BALANCE DES COMPTES

COMPTES	DÉBIT	CRÉDIT	SOLDES	
			Débiteurs	Créditeurs
CAPITAL.		10.000 »		10.000 »
CAISSE.	14.080 »	11.030 »	3.050 »	
MATÉRIEL.	1.200 »		1.200 »	
FRAIS GÉNÉRAUX	950 »		950 »	
MARCHANDISES GÉNÉRALES	6.880 »	9.290 »		2.410 »
PROFITS ET PERTES	100 »		100 »	
BANQUE RÉGIONALE	7.160 »	50 »	7.110 »	
M. EMILE	1.300 »	1.300 »		
M. JEAN	3.860 »	3.860 »		
M. LOUIS	2.000 »	2.000 »		
	37.530 »	37.530 »	12.410 »	12.410 »

INVENTAIRE

Chez un commerçant l'inventaire s'établit à l'époque qui lui convient le mieux, ordinairement en fin d'année.

Admettons que je veuille établir mon inventaire au 31 mars.

Je porte d'abord à "l'Actif" tout mon avoir qui est:

1° Le montant des sommes que j'ai en caisse, qui doit être exactement le même que le solde du Grand Livre, soit ....Fr.   3.050 »

2° La valeur de mon matériel qui est le solde débiteur du compte "Matériel", soit. ....Fr.   1.200 »

3° Le montant de mon avoir en Banque. ....Fr.   7.110 »

4° J'ajoute à ces sommes le montant des marchandises qui me restent en magasin, je fais mon calcul d'après mes carnets d'entrée et de sortie des marchandises, et après vérification je trouve qu'il me reste 2.300 kilogs de marchandises que j'évalue en chiffres ronds à Fr....   500 »

Soit le total de mon avoir Fr. 11.860 »

Pour le "Passif" je porte d'abord le montant de mon "Capital" que je me dois, puisque je l'ai versé dans mon commerce, soit......Fr.   10.000 »

La différence de l'Actif et du Passif me donne la somme de 1.860 francs, mes bénéfices..........Fr.   1.860 »

TOTAL................Fr.   11.860 »

INVENTAIRE

ACTIF			PASSIF		
Espèces en Caisse...........	3.050	»	Capital....................	10.000	»
Matériel................	1.200	»	Bénéfices................	1.860	»
Banque Régionale...........	7.110	»			
Marchandises en magasin...	500	»			
	11.860	»		11.860	»

BILAN

Explication des deux articles passés sur mon Livre Journal, sous le titre : "Passés après inventaire".

Quoique l'inventaire soit établi, ma comptabilité n'est pas tout à fait terminée, car j'ai trois comptes à régulariser.

1° Le compte "Marchandises générales" qui me donne un solde "créditeur" alors qu'il doit être en réalité "débiteur" puisqu'il me reste encore des marchandises en magasin.

2° Le compte "Profits et Pertes" qui est "débiteur", et qui doit être "créditeur" puisque j'ai des bénéfices que je dois faire figurer à ce compte-là.

3° Le compte "Frais généraux" que je dois solder en en prenant le montant sur mes bénéfices.

Afin de régulariser cette situation, je vais procéder par "Virements".

Le compte "Marchandises générales" est créditeur de 2.410 fr., j'ai en magasin des marchandises d'une valeur de 500 fr., soit :

2.410 fr., plus 500 fr. me donnent 2.910 fr.

Je passe donc l'article ci-après :

MARCHANDISES GÉNÉRALES à
PROFITS ET PERTES.....Fr. 2.910 »

Cet article passé, mon compte "Marchandises générales" se trouve "débiteur" de 500 fr., montant des marchandises existant en magasin.

Pour virer ensuite le compte : "Frais généraux".

Je passe l'article ci-dessous :

PROFITS ET PERTES à FRAIS
GÉNÉRAUX................Fr. 950 »

Cet article passé, mon compte "Frais généraux" se trouve soldé, et le compte "Profits et Pertes" reste "créditeur" de 1.860 fr., montant de mes bénéfices.

BILAN

ÉTABLI D'APRÈS LE " GRAND LIVRE "

DÉBIT			CRÉDIT	
Caisse.	3.050	»	Capital.	10.000	»
Matériel.	1.200	»	Profits et Pertes.	1.860	»
Marchandises générales. . . .	500	»		
Banque Régionale.	7.110	»		
	11.860	»		11.860	»

Je prends les chiffres portés au présent "Bilan" pour la continuation de ma comptabilité du mois suivant.

Le crédit du compte "Profits et Pertes" représentant mes bénéfices, si je veux disposer de cette somme ou d'une partie pour mes besoins personnels, je n'ai qu'à "débiter" le dit compte par le "crédit" du compte "Caisse" et en encaisser le montant.

———

La tenue des Livres démontrée ci-dessus est celle adoptée par la majeure partie des commerçants.

Outre celle-là, il est tenu dans le grand commerce ou dans l'industrie des comptabilités spéciales, avec système centralisateur, prix de revient, etc...

Le comptable au courant des premiers principes de la tenue des livres en partie double, pourra avec un peu d'étude et de pratique se mettre facilement au courant de ces diverses méthodes de comptabilité.

———

RÉOUVERTURE DES ÉCRITURES
ou " Balance d'Entrée "

Pour rouvrir les écritures au début d'un nouvel exercice, et continuer ma comptabilité, je dois passer des articles d'entrée à mon Livre Journal, ces articles faisant figurer les soldes des comptes existant encore sur mon Grand Livre.

Je passe donc :

Du........			
Les suivants, à Balance d'En-trée :			
Caisse.	3.050	»	
Matériel.	1.200	»	
Marchandises générales.	500	»	
Banque Régionale.	7.110	»	
Du........			11.860 »
Balance d'Entrée aux suivants:			
A Capital.	10.000	»	
A Profits et Pertes.	1.860	»	
			11.860 »

Ces articles passés, j'ouvre sur mon Grand Livre un compte « Balance d'Entrée » qui solde immédiatement, le montant du débit et du crédit étant le même. Ensuite, je n'ai pas besoin de passer au Grand Livre ces différentes sommes puisqu'elles y figurent déjà comme solde à nouveau, mais mes écritures sont régularisées et je n'ai qu'à continuer à passer les articles du nouvel exercice.

FIN

TABLE DES MATIÈRES

———

Paris. — Imp. RAMLOT et Cie, 52, Avenue du Maine.

www.ingramcontent.com/pod-product-compliance
Lightning Source LLC
LaVergne TN
LVHW011227060726
842524LV00014B/1049